MW01710164

Títulos aparecidos:

PALABRAS DE JESÚS
Jean-Yves Leloup

PALABRAS DE LOS SABIOS DE LA INDIA
Marc de Smedt

PALABRAS CELTAS
Jean Markale

PALABRAS DEL ANTIGUO EGIPTO
François-Xavier Héry

De próxima aparición:

PALABRAS DE LOS INDIOS NORTEAMERICANOS
Michel Piquemal

PALABRAS DEL TAO
Marc de Smedt

PALABRAS DE LOS SABIOS JUDÍOS
Victor Malka

PALABRAS DE BUDA
Marc de Smedt

Título original: *Paroles de Jésus*

Colección dirigida por Marc de Smedt y Michel Piquemal

Maqueta: Dominique Guillaumin / Cédric Ramadier
Ilustración de cubierta y viñetas: Danielle Siegelbaum

Traducción: equipo editorial

© 1994, Albin Michel Jeunesse
© 1999, Ediciones B, S. A., en español para todo el mundo
Bailén, 84 - 08009 Barcelona (España)

Impreso en España - Printed in Spain
1.ª edición: febrero, 1999
ISBN: 84-406-9040-1
Depósito legal: B. 3.258-99

Impreso por Industria Gráfica Domingo, S. A.

Ésta es una coedición de Ediciones B, S. A.,
y Ediciones B Argentina, S. A., con Albin Michel

Todos los derechos reservados. Bajo las sanciones establecidas en las leyes, queda rigurosamente prohibida, sin autorización escrita de los titulares del *copyright*, la reproducción total o parcial de esta obra por cualquier medio o procedimiento, comprendidos la reprografía y el tratamiento informático, así como la distribución de ejemplares mediante alquiler o préstamo públicos.

PALABRAS DE JESÚS

Seleccionadas y presentadas
por **Jean-Yves Leloup**

Ilustraciones:
Las muy ricas horas
del duque de Berry

Ediciones B
GRUPO ZETA

Barcelona • Bogotá • Buenos Aires • Caracas • Madrid • México D. F.
Montevideo • Quito • Santiago de Chile

«Ciertamente, este hombre era justo», dijo ya el centurión. Y a pesar de las caricaturas que a lo largo de los siglos han querido pergeñar, su capacidad de seducción se ha mantenido incólume, inspirando a los locos más desatados y a los sabios más prudentes.

Sus palabras siguen entrañando un misterio, porque sólo los que encarnan y viven el Evangelio podrán llegar a comprenderlo. La metanoia *nos invita a ir sin cesar más allá de lo mental, es decir, más allá de lo conocido.* Metanoia *es un término que por lo general se ha traducido incorrectamente como «conversión» o «penitencia». Todo lo contrario: es una invitación a ultrapasar la inteligencia humana que sólo se tiene en cuenta a sí misma. Para entender mejor el mensaje de los Evangelios habría sido mejor traducirlo como «metamorfosis», o bien «transformación».*

Dostoievsky no conocía nada más hermoso que Cristo; reconocía en Él lo más humano y lo más divino, lo más diáfano y lo más oscuro. Aparte de todos los dualismos que oponen constantemente vida y muerte, crucifixión y resurrección, sangre y luz, no supo encontrar un rostro que representara mejor todos los rostros.

Jean-Yves Leloup

Dejad que los niños
se acerquen a mí y no se lo impidáis,
porque de los que son como éstos es
el Reino de los Cielos.

Mateo 19, 14

Caída de los rebeldes (detalle).

PEDID

y se os dará;

BUSCAD

y hallaréis;

LLAMAD

y se os abrirá.

Mateo 7, 7-8

Oración de David.

Vosotros sois la sal de la tierra.

Mas si la sal se desvirtúa, ¿con qué se la salará? Ya no sirve para nada más que para ser tirada afuera y pisoteada por los hombres.

Mateo 5, 13

Las labores de marzo (detalle).

Quién de vosotros puede, por más que se preocupe, añadir ni un ápice a la medida de su vida?

Mateo 6, 27

En las puertas del infierno.

No os preocupéis del mañana:

el mañana se preocupará de sí mismo.

Cada día tiene bastante con su propio mal.

Mateo 6, 34

Noviembre (detalle).

No os amontonéis tesoros en la tierra,
donde hay polilla y herrumbre que corroen,
y ladrones que socavan y roban.

Amontonaos más bien tesoros en el cielo,
donde no hay polilla ni herrumbre que corroan,
ni ladrones que socaven y roben.

Porque donde esté tu tesoro,
allí estará también tu corazón.

Mateo 6, 19-21

Job (detalle).

No juzguéis, para que no seáis juzgados. Porque con el juicio con que juzguéis seréis juzgados, y con la medida que midáis se os medirá.

Cómo es que miras la brizna que hay en el ojo de tu hermano, y no reparas en la viga que hay en tu ojo? ¿O cómo vas a decir a tu hermano: «Deja que te saque la brizna del ojo», teniendo la viga en el tuyo?

Hipócrita, saca primero la viga de tu ojo, y entonces podrás ver para sacar la brizna del ojo de tu hermano.

Mateo 7, 1-5

Partida de los apóstoles para evangelizar (detalle).

AMAOS LOS UNOS A LOS OTROS.

Que, como yo os he amado, así os améis también los unos a los otros. En esto conocerán todos que sois discípulos míos: si os tenéis amor los unos a los otros.

Juan 13, 34-35

Invención de la Santa Cruz (detalle).

Habéis oído que se dijo:

AMARÁS A TU PRÓJIMO
Y ODIARÁS A TU ENEMIGO.

PUES YO OS DIGO:

AMAD A VUESTROS ENEMIGOS y rogad por los que os persigan, para que seáis hijos de vuestro Padre celestial, que hace salir su sol sobre malos y buenos, y llover sobre justos e injustos. Porque si amáis a los que os aman, ¿qué recompensa vais a tener? ¿No hacen eso mismo también los publicanos? Y si no saludáis más que a vuestros hermanos, ¿qué hacéis de particular? ¿No hacen eso mismo también los gentiles? Vosotros, pues, sed perfectos como es perfecto vuestro Padre celestial.

Mateo 5, 43-48

Caída de los rebeldes (detalle).

Pedro se acercó entonces y le dijo:
«Señor, ¿cuántas veces tengo que perdonar las ofensas que me haga mi hermano? ¿Hasta siete veces?»

Y le dijo Jesús:
«No te digo hasta siete veces, sino hasta setenta veces siete.»

Mateo 18, 21-22

Cristo y la mujer de Canaán (detalle).

BIENAVENTURADOS los pobres de espíritu,
porque de ellos es el Reino de los Cielos.

BIENAVENTURADOS los mansos,
porque ellos heredarán la tierra.

BIENAVENTURADOS los que lloran,
porque ellos serán consolados.

BIENAVENTURADOS los que tienen hambre y sed de justicia,
porque ellos serán saciados.

BIENAVENTURADOS los misericordiosos,
porque ellos alcanzarán misericordia.

BIENAVENTURADOS los limpios de corazón,
porque ellos verán a Dios.

BIENAVENTURADOS los que trabajan por la paz,
porque ellos serán llamados hijos de Dios.

Mateo 5, 3-9

Febrero (detalle).

¿A qué es semejante el Reino de Dios?

¿A qué lo compararé?

Es semejante a un grano de mostaza

que tomó un hombre y lo puso en su jardín.

Y creció hasta hacerse árbol,

y las aves del cielo anidaron en sus ramas.

Lucas 13, 18-19

Vista de batalla (detalle).

Se suscitó una discusión entre los apóstoles sobre quién de ellos sería el mayor. Conociendo Jesús lo que pensaban en su corazón, tomó a un niño, lo puso a su lado y les dijo: «El que reciba a este niño en mi nombre, a mí me recibe; y el que me reciba a mí, recibe a Aquel que me ha enviado; pues el más pequeño de entre vosotros, ése es el mayor.»

Lucas 9, 46-48

El Purgatorio (detalle).

Cuando hagas limosna, no lo vayas trompeteando por delante como hacen los hipócritas en las sinagogas y por las calles, con el fin de ser honrados por los hombres; en verdad os digo que ya reciben su paga. Tú, en cambio, cuando hagas limosna, que no sepa tu mano izquierda lo que hace tu derecha; así tu limosna quedará en secreto; y tu Padre, que ve en lo secreto, te recompensará.

Mateo 6, 2-4

Oración de David (detalle).

UNA VEZ SALIÓ UN SEMBRADOR A SEMBRAR.

Y al sembrar, unas semillas cayeron a lo largo del camino; vinieron las aves y se las comieron. Otras cayeron en pedregal, donde no tenían mucha tierra; pero en cuanto salió el sol se agostaron y, por no tener raíz, se secaron. Otras cayeron entre abrojos; crecieron los abrojos y las ahogaron. Otras cayeron en tierra buena y dieron fruto, una ciento, otra sesenta, otra treinta. El que tenga oídos, que oiga.

Mateo 13, 3-9

Octubre, la siembra (detalle).

CUANDO ORÉIS, no seáis como los hipócritas, que gustan de orar en las sinagogas y en las esquinas de las plazas bien plantados para ser vistos de los hombres; en verdad os digo que ya reciben su paga. Tú, en cambio, cuando vayas a orar, entra en tu aposento y, después de cerrar la puerta, ora a tu Padre, que está ahí, en lo secreto; y tu Padre, que ve en lo secreto, te recompensará.

Mateo 6, 5-8

Celebración de la misa en la Santa Capilla (detalle).

En verdad,

en verdad

te digo:

el que no nazca de agua y de Espíritu
no puede entrar en el Reino de Dios.

Lo nacido de la carne, es carne;
lo nacido del Espíritu, es espíritu.

Juan 3, 5-7

El Purgatorio (detalle).

El viento sopla donde quiere, y oyes su voz,
pero no sabes
de dónde viene
ni adónde va.

Así es todo el que nace del Espíritu.

Juan 3, 8

Descanso durante la huida a Egipto (detalle).

Entrad por la entrada estrecha,
porque ancha es la entrada y espacioso
el camino
que lleva a la perdición,
y son muchos los que entran por ella;
mas ¡qué estrecha es la entrada
y qué angosto el camino
que lleva a la vida!,
y pocos son
los que lo encuentran.

Mateo 7, 13-14

El Purgatorio (detalle).

Misericordia quiero, que no sacrificio.

Mateo 9, 13

Cristo conducido ante el pretor (detalle).

No hay nada
encubierto
que no haya de ser descubierto,

nada
oculto
que no haya de saberse.

Mateo 10, 26

La Visitación (detalle).

Noviembre.

Las muy ricas horas de duque de Berry

Las ilustraciones de esta obra se han extraído de una obra maestra de siglo XV: *Las muy ricas horas del duque de Berry.* Los Libros de Horas eran breviarios destinados a los nobles laicos que deseaban disponer de un calendario completo con oraciones cotidianas iluminados con magníficas pinturas. Esta iconografía nos proporciona información tanto sobre la vida como sobre la fe de aquella época.

Para el conjunto de las reproducciones de esta obra:
© Giraudon.
con la autorización del museo Condé de Chantilly y de Faksimilé verlag Luzern.

Breve bibliografía

Los textos de los Evangelios citados en este libro proceden de la edición pastoral de la Biblia de Jerusalén, Editorial Española Desclée de Brouwer.

Haag, Herbert: *Breve diccionario de la Biblia*, Herder, Barcelona, 1991.

Quesnel, Michel: *La historia de los evangelios*, Desclée de Brouwer, Bilbao, 1990.

Pikaza Ibarrondo, Javier: *Evangelio y evangelios*, SM, Madrid, 1984.

Libros para niños

La Biblia (adaptación de Josep Maria Rovira Belloso e ilustraciones de Carme Solé Vendrell), Destino, 1990.

Biblia ilustrada para niños, Plaza Joven, Barcelona, 1994.

La Biblia del niño (adaptación de Maristella Serofilli e ilustraciones de Loretta Serofilli), San Pablo, Madrid, 1995.

Filmografía

Cecil B. De Mille: *Rey de Reyes*, 1927.

Martin Scorsese: *La última tentación de Cristo*, 1988.

Nicholas Ray: *Rey de Reyes*, 1961.

Pier Paolo Pasolini: *El evangelio según san Mateo*, 1964.

Franco Zeffirelli: *Jesús de Nazareth*, 1976.